이뭐꼬

마음에 새겨듣는 성철 큰스님의 말씀

是甚麼

퇴옹 성철 지음

장경각

차례

자기를 바로 보자 11

마음의 눈을 떠라 12

상대성 13

남을 위한 기도 14

게으른 병 15

상주불멸 불생불멸 16

참다운 운명 17

남을 돕는 마음 18

행복 19

천 마디 말보다 한 가지 실행 20

행복을 좇는 본능 21

업 22

자기 자신이 순금 덩어리 23

마음 거울의 때를 벗기는 법 24

세상과 거꾸로 사는 불교 25

자기 안의 보배 26

깨침 27

복 짓기 28

물거품과 바다 29

지금 자신을 살펴보자 30

이것이 있으므로 저것이 있다 31

마음의 등불 32

스님의 생활 33

진정한 불공 34

봉사와 구제 35

모두가 다 부처 36

보살도 37

사바세계가 곧 극락세계 38

원수를 사랑하라 39

마음의 눈을 뜨자 40

팔만대장경의 요체, 마음 심心 41

거울 42

세 가지 장애 43

거짓된 지식과 학문을 버려라 44

진짜 큰 도둑 45

일체 중생을 위해 사는 사람 46

진금 47

꽃보다 아름다운 것 48

물욕 49

광명 50

오직 자신을 깨쳐야만 아는 것 51

지금 이대로가 극락세계 52

불자 53

불립문자 54

세속의 인연 55

병 중의 큰 병, 게으름병 56

남에게 질 줄 아는 사람 57

하심 58

인과 59

정진 60

예참 61

이타 62

계 63

영겁불망 64

참선 65

천당과 지옥 66

절대 세계 67

가장 낮은 곳이 바다가 된다 68

영원한 진리를 위해 일체를 희생한다 69

자유자재한 대해탈인 70

중도를 보는 눈 71

출가의 목적 72

눈뜬 봉사 73

부처님 오신 참뜻 74

불교와 세속 75
예토를 장엄정토로 76
마음의 동질성 77
불교인의 자세 78
악마와 부처 79
최잔고목 80
무정설법 81
더불어 사는 세상 82
참 종교인 83
모든 것이 불법이다 84
영원한 생명 85
구경의 즐거움 86
부처님 법으로 돌아가자 87
만법이 불법 88
불교의 근본 90
종교의 목표 91

불교의 근본 사상 중도 92
남을 돕는 일이 곧 나를 돕는 일 93
계율 94
생명의 참모습 95
우리 곁에 계시는 부처님 96
네 적을 더 도와라 97
불자의 책무와 긍지 98
자기를 바로 봅시다 99
중도가 바로 부처 102
부처님이 계신 곳 105
본마음 106
거룩한 부처님 108
집착을 버려라 110
사바가 곧 정토 112
본래성불 113
당신이 부처입니다 114

무한한 세계로 가는 방법 117
붉은 해가 높이 뜨니 118
평화가 넘쳐흐르는 세계 120
남과 나를 잊고서 122
영원한 행복의 길 124
진흙속에 피는 연꽃 126
인간의 절대성 128
호호탕탕한 불국토 130
칠흑 같은 어둠은 사라지고 134
불공의 대상 136
종교의 근본 취지 138
영원한 광명 139
공존의 지혜 140
스스로의 주인이 되라 142
발 아래를 보라 144
영원한 종소리 146

행복의 노래 149
일체는 융화요, 만법은 평등 150
세계는 하나 152
출가시 153
오도송 154
열반송 155
발원문 156

엮은이의 말 158

이뭐꼬

"마음을 닦는 것이 불교다. 화두참선은 마음을 닦기 위해서 하는 것이다. '이뭐꼬'는 화두 중에서도 유명한 것이다. '이뭐꼬'란 질문을 계속해서 하다보면 깨치게 되고 마음의 본래 모습을 알 수 있다. 법문을 들을 때나 책을 볼 때나 무엇을 하든지 언제나 이렇게 물어보라. '마음도 아니고 물건도 아니고 부처도 아닌 이것은 무엇인가?'"

– 백일법문 중에서 –

자기를 바로 보자

 바로 보지 못하면 바로 알지 못하니 행동도 바르게 하지 못한다. 생각해 보라. 눈 감은 사람이 어떻게 바로 걸을 수 있겠는가? 먼지 앉은 거울이 어떻게 사물을 바로 비출 수 있겠는가? 망상이 마음을 덮고 있는데 어떻게 바로 알 수 있으며, 어떻게 바로 볼 수 있으며 어떻게 바른 행동을 할 수 있겠는가? 마음의 눈을 뜨고 자기를 바로 보자.

마음의 눈을 떠라

 마음의 눈을 떠야 한다. 실상을 바로 보는 눈 말이다. 그 눈을 뜨고 보면 자기가 천지개벽 전부터 이미 성불했고, 현재는 물론 미래가 다하도록 성불한 존재임을 알게 된다. 결국 견성, 즉 자기의 본성을 보게 되는 것이다. 마음의 눈을 바로 뜨고 그 실상을 바로 보면 산은 산이요, 물은 물이다.

상대성

　세상의 이치는 상대적으로 이루어져 있다. 선함과 악함, 옳음과 그름, 있음과 없음, 즐거움과 괴로움. 현실 세계의 모든 것들은 이렇듯 서로 상대적인 대립을 이루고 있다. 그러므로 자연히 모순과 투쟁이 생기게 마련이고, 그 결과 이 세계는 불행 속으로 떨어지고 마는 것이다. 여기에서 벗어나고 투쟁을 피하려면 근본적으로 상대성에서 비롯되는 모든 모순을 버려야 한다.

남을 위한 기도

남을 위해 기도하고 자비를 베푸는 것은 결국 나를 위한 것이다. 남을 자꾸 돕고 남을 위해 자꾸 기도하면, 결국 선한 결과가 모두 내게로 돌아오게 된다.

남을 위해 기도하고 생활하면 그 사람이 행복하게 되고, 또 인과에 의해 그 행복이 내게로 전부 다 오는 것이다.

게으른 병

불공은 반드시 큰돈이 있어야만 할 수 있는 것이 아니다. 몸과 정신으로, 또 물질적으로 남을 도와주는 것 모두가 불공이다. 우리가 하려고 마음만 먹는다면 몸으로, 마음으로 혹은 물질로 할 수 있다. 불공할 것은 세상에 넘친다. 단지 우리가 게을러서, 게으른 병 때문에 못할 뿐이다.

상주불멸 불생불멸

생사란 바다의 파도와 같다. 끝없는 바다에서 파도가 일었다 스러졌다 하듯이, 우리도 그렇게 태어났다 죽었다를 반복한다. 그러나 바다 자체는 늘어나고 줄어들지는 않는다. 우리의 생사 자체가 마찬가지다. 인간뿐 아니라 만물의 자체는 바다와 같이 한없이 넓고 가없어서 상주불멸 불생불멸이다. 따라서 생과 사는 하나이지 둘로 볼 수 없는 것이다.

참다운 운명

 인과가 있을 뿐이지 결정적인 운명이란 없다. 콩 심은 데 콩 나고, 팥 심은 데 팥 나는 우주의 근본 법칙대로 모든 결과는 노력 여하에 달려 있다. 결과를 걱정할 것이 아니라 힘써 노력하면, 자연히 좋은 결과가 따라오게 마련이다. 여기에 바로 큰 자유의 원리가 깔려 있는 것이다.

 어떤 사람은 결과가 원인에 반비례하는 일도 있다고 말할지도 모른다. 그러나 그것은 노력이 부족한 탓이지 운명은 아니다. 자력自力을 다했을 때에야 타력他力이 나타나는 것이다.

남을 돕는 마음

 남을 도울 때는 다만 남을 돕는 생각만 가져야 한다. 만약 남을 이만큼 도우면 나에게 그만한 대가가 올 것이라는 마음을 가진다면, 이는 장사지 결코 돕는 것이 아니다. 참으로 남을 돕는 사람은 이것을 끝없이 반복해 나아가며, 여기에서 참다운 운명을 깨우쳐 영원한 인격자가 된다.

행복

행복은 인격에 있지 물질에 있지 않다. 부유하더라도 인격이 부족하면 불행하고, 궁핍하더라도 인격이 훌륭하면 행복하다.

천 마디 말보다
한 가지 실행

　실행 없는 말은 천번 만번 해도 소용이 없다. 아는 것이 천하를 덮을 정도라도 실천이 없는 사람은 털끝만큼의 가치도 없는 물건이 되는 것이다. 참으로 아는 사람은 말이 없는 법이다.

행복을 좇는 본능

인간은 대체로 삶을 가치 있게 만들기 위해 저마다 목표를 세우고 그것을 달성하려고 노력한다. 더러 목표가 뚜렷하지 못한 사람도 있고 또 사람마다 목표하는 바가 다르기도 하지만, 인간이 궁극적으로 구하는 것은 바로 행복일 것이다. 그렇기에 동서고금을 막론하고 뭇 사람들 사이에서 행복에 대한 논의가 끊임없이 일고 있는 것이다.

업

　자기가 짓고 자기가 받는 것이 업業이다. 햇빛 속에 몸을 바르게 세우면 그림자도 바르게 서고, 몸을 구부리면 그림자도 따라서 구부러지는 것이다. 바른 업을 지으면 모든 생활이 바르게 되고, 굽은 업을 지으면 모든 생활이 굽어진다.

자기 자신이 순금 덩어리

　우리가 사는 이 세계 자체가 절대적인 자유 세계임을 바로 보아야 한다. 눈을 감고 밖으로 찾아 헤매 다니면 끝내 이 세계를 바로 보지 못할 것이다. 밖에서 찾으려 하는 것은 마치 황금으로 된 집 안에 있으면서 돈이 없다고 하는 것과 같다. 있는 그대로의 현실에 눈만 뜨면 영원토록 무한하게 쓸 수 있는 보물이 있다. 자기 속이 금광이요, 자기 자신이 순금이요, 자기가 앉은 자리, 선 자리가 전부 순금 덩어리다.

마음 거울의 때를 벗기는 법

 마음의 눈을 새로이 가져야 한다고 해서 마음을 새로 만들고 눈을 새로 만들자는 뜻이 아니다. 본래의 눈을 되찾자는 것이다. 거울의 먼지를 닦아 내면 본래의 맑은 거울이 나타나는 것처럼 말이다.

 가장 빠른 방법은 참선을 해서 화두를 바로 깨치는 것이다. 그 순간 거울의 모든 때는 한번에 벗겨져 버린다. 또 다른 방법은 욕심을 버리는 것이다. 거울에 묻은 때는 욕심에서 비롯된 것이다. 욕심을 버리고 자꾸 남을 돕다 보면 점차 업이 녹아 사라진다. 욕심이 다 사라지면 마음 거울의 때 역시 조금도 남지 않고 사라져 마침내 온 천지광명을 비출 수 있게 된다.

세상과 거꾸로 사는 불교

누가 어떤 것이 불교냐고 물으면 나는 세상과 거꾸로 사는 것이라고 답한다. 세상은 전부 내가 중심이 되어 나를 위해 남을 해치려고 하는 것이지만, 불교는 나를 완전히 내버리고 남을 위해서만 사는 것이다. 그러므로 불교란 세상과는 거꾸로 사는 것이다.

자기 안의 보배

 만일 어느 집 마당에 금덩어리가 있으니 마음대로 파서 쓰라고 하면 아무리 땅이 깊어도 마당을 파서 쓸 것이다. 우리가 본래 지니고 있는 무한하고 절대적인 보배는 마당 안의 금덩어리와는 비교도 할 수 없는 큰 보배다. 우리가 보배산에 살고 있음을 바로 알고 그 보배를 바로 찾아 써야 한다.

깨침

　인간은 대개가 잡념 속에서 살고 있다. 잡념이 끊이지 않은 상태에서는 이를 바로 볼 수 없으며, 또한 잡념을 끊은 무심無心에서도 바로 볼 수 없는데, 이는 무심이 아직 마음의 눈을 가리고 있기 때문이다.

　무심의 경지를 벗어나 홀연히 마음의 눈을 뜨면, 큰 지혜의 광명이 우주를 비추어 산은 산 물은 물이라는 사실을 역력히 바로 보는 동시에 일체를 바로 보고 바로 알게 된다.

복 짓기

　보잘것없어 보이는 벌레 하나까지도 보살피는 것이 참 불공이다. 서로가 서로를 부처님 모시듯 공경하면, 모든 불행은 자취도 없이 사라질 것이다. 행복은 받거나 주는 것이 아니라 짓는 것이기 때문이다.

물거품과 바다

 털끝 만한 이해 때문에 시끄럽게 싸우지 말자. 그것은 넓은 바다 위에 떠도는 물거품보다 못한 허망한 꿈속의 일일 뿐이다. 우리는 물거품을 보지 말고 넓은 바다를 보아야 한다.

지금 자신을 살펴보자

 전생에 내가 착한 사람이었나 악한 사람이었나를 알고 싶으면 지금 행복한 사람인가 불행한 사람인가를 살펴보면 된다. 내생에 내가 행복하게 살 것인가 불행하게 살 것인가를 알고 싶다면 지금 자신이 하는 일을 보면 알 것이다.

이것이 있으므로
저것이 있다

이것이 있으므로 저것이 있고
이것이 생기므로 저것이 생긴다.
이것이 없으므로 저것이 없고
이것이 죽으므로 저것이 죽는다.
이는 두 막대기가 서로 버티고 섰다가
이쪽이 넘어지면 저쪽이 넘어지는 것과 같다.

 모든 존재는 서로 의지하며 살고 있어서, 그중 어느 하나도 서로 관련되지 않은 것이 없다는 이 깊은 진리는 부처님께서 강조하는 연기의 법칙이다. 만물은 원래부터 한뿌리를 갖고 있기 때문에, 이쪽을 해치면 저쪽도 따라서 손해를 보고, 저쪽을 도우면 이쪽도 따라서 이익을 얻는다.

마음의 등불

등燈은 부처님의 마음이자, 모든 생명이 지닌 마음의 등불을 상징하는 것이다. 모든 생명은 무한하고 영원한 마음의 등불로 항상 우주를 환히 비추고 있다. 부처님오신 날에 등불을 켜는 것은 이 같은 마음의 등불을 표시하며 자축하기 위해서다.

그런데 백련암에서는 초파일 등을 따로 켜지 않는다. 왜냐하면 마음의 등불은 한낮에 뜬 해처럼 항상 우주를 비추고 있으니, 또 다른 등은 대낮에 촛불을 켜는 것에 지나지 않기 때문이다.

하지만 등불을 켜지 않는 것이나 켜는 것이나 모두 좋은 일이다. 등불을 켜지 않는 것은 그것의 본질을 알기 때문이요, 등불을 화려하게 밝히는 것은 비단 위에 꽃을 던지는 것과 같기 때문이다.

스님의 생활

　세상 사람들은 종종 스님들은 산 속에서 대체 무엇을 하느냐고 질문을 한다. 산 속에서 스님의 생활이란 묵언默言으로 도심道心을 기르는 것이다. 승려는 오로지 도를 깨닫는 기쁨을 이루기 위해서 산다.

진정한 불공

종교인들이 복을 비는 일이 종종 있다. 그렇게 복을 비는 것은 순전히 이기심에서 나온 것이다. 자기만을 위해 절에 다니고 불공을 한다면, 그것은 참된 불공이 아니다.

부처님이 말씀하시기를, 남을 돕는 일이 불공이라고 했다. 남을 돕는 데는 여러 가지가 있다. 물질적으로 도와주는 것뿐만 아니라 정신적으로 고민하는 사람을 위로해 주는 것도 불공이고, 무거운 짐을 대신 들어주는 것도 불공이다.

사람은 물론 물에 떠내려가는 벌레를 구해주는 것도 불공이 된다. 불공이란 인간사에 국한되는 것이 아니라 일체 중생을 보호하고 도와주는 것 모두가 불공이다.

봉사와 구제

남을 돕는 것이 바로 불공이다. 흔히 남을 돕는다고 하면 부유한 자가 가난한 자에게 무언가 베푸는 것을 떠올린다. 하지만 이는 참으로 남을 도울 줄 모르는 것이다.

나이 든 부모를 모시듯, 배고픈 스승께 음식을 드리듯, 떨어진 옷을 입으신 부처님께 옷을 지어 올리듯 남을 항상 받들어 모시는 것이 바로 진정으로 남을 돕는 것이다.

그러므로 약하고 가난한 상대를 불쌍한 생각으로 돕는다는 의미의 '구제'는 불교에는 해당되지 않는다. 그것은 상대의 인격에 대한 큰 모욕이기 때문이다.

어디를 가나 배고픈 부처님, 옷 없는 부처님, 병든 부처님이 있다. 이들 무수한 부처님들을 효자가 성심으로 섬기는 것이 곧 불교의 가르침이다. 따라서 '봉사奉仕'는 있지만 구제는 없다.

모두가 다 부처

요즘 보면 밥을 '먹는' 사람보다 밥에 '먹히는' 사람이 더 많은 것 같다. 이것은 인간 자신의 존엄성을 상실한 데서 비롯되었다. 본래의 인간은 절대적 존재인데, 인간의 그 절대적인 존엄성을 잃어버리고 물질의 주구走狗가 되어 버리고 말았다. 우리는 인간의 존엄성을 자각하고 회복해야 한다. 알고 보면 나도 부처, 너도 부처, 모두가 다 부처다.

보살도

보살도菩薩道는 인간 생활의 근본이며 행복의 극치로서 자기를 아주 버리고 오직 남을 위해서만 살아가는 것이다. 나만을 중심으로 살게 되면 욕심의 노예가 되어 모든 죄악과 불행이 따라온다. 나를 잊어버리고 남을 이롭게 하는 생활을 계속하면, 자연히 인격이 순화되어 영원하고 무한한 자기의 참모습을 보게 된다.

사바세계가 곧 극락세계

　생각을 한곳에 집중해서 삼매三昧를 얻으면 모든 진리를 바로 볼 수 있다. 그렇게 되면 우리가 사는 이 현실 또한 바로 볼 수 있다. 우리는 현실을 있는 그대로 보지 못하기 때문에 이곳을 사바세계라고 부르지만, 현실을 바로 보면 이곳이야말로 극락세계다. 결국 중생이 부처가 되는 것도 아니고, 사바세계가 극락세계로 되는 것도 아니다. 원래 사바세계, 이대로가 모두 극락세계다.

원수를 사랑하라

'나를 가장 해치는 자를 가장 높이 받든다.'

이것이 부처님의 근본 사상이고 불교의 근본이다. 이렇게 행동하고 생활해야만 부처님 제자라 할 수 있고, 법당에 앉을 자격이 있다.

마음의 눈을 뜨자

 마음을 알게 되면 부처를 알게 된다. 시작과 끝이 자기로부터 비롯되니 모든 것이 마음에서 시작하여 마음에서 끝난다. 그래서 나는 항상 마음의 눈을 뜨자고 하는 것이다.

팔만대장경의 요체,
마음 심心

 부처님의 가르침이 팔만대장경에 담겨 있는 만큼 불교를 알려면 팔만대장경을 다 봐야 할 터인데, 그 많은 팔만대장경을 누가 다 보겠는가? 그러나 팔만대장경 전체를 똘똘 뭉치면 마음 심心자 한 자 위에 놓이게 된다. 즉 마음의 문제만 옳게 해결하면 일체의 불교 문제를 해결하는 동시에 일체 만법을 다 통찰할 수 있고, 삼세제불三世諸佛을 한눈에 다 볼 수 있는 것이다.

거울

　불교에서는 본래 마음자리를 흔히 거울에 비유한다. 거울은 언제든지 항상 맑다. 하지만 거기에 먼지가 쌓이면 거울의 환한 빛은 사라지고 깜깜해서 아무것도 비추지 못한다. 망상은 맑은 거울 위의 먼지와 같고, 무심이란 거울 자체와 같다. 이 거울 자체를 불성佛性이니 본래면목本來面目이라고 하는 것이다. 모든 망상을 다 버린다는 말은 모든 먼지를 다 닦아낸다는 뜻이다. 거울에 낀 먼지를 다 닦아내면 환한 거울이 나타난다. 그리고 동시에 말할 수 없이 맑고 밝은 광명이 나타나서 일체 만물을 다 비춘다. 우리 마음도 이와 똑같다. 이것이 참다운 열반이고, 해탈이며 대자유인 것이다.

세 가지 장애

마음을 닦는 데는 세 가지 장애가 있다. 첫째는 돈이요, 둘째는 색욕이며, 셋째는 이름을 드러내려는 명예병이다. 이것은 앞의 두 가지보다 더 이겨내기가 어렵다. 돈도 필요 없고, 여자도 내 앞에는 어른거리지 못한다고 큰소리친다. 그러나 그 마음속을 들여다보면 내가 이토록 장한 사람이고, 큰 도인이라는 마음이 사라지지 않고 있다. 오직 이름을 내기 위하여 청정한 척 하는 것이다. 그러니 이 병은 재물병과 여자병보다도 더 무서운 병이다.

재물병과 여자병에 걸리면 주위에서 남들이 욕을 하지만, 이름병에 걸리면 남들이 더 칭찬해 주니 고치기가 더욱 어려워진다. 이 세 가지 병을 완전히 고치고 이겨내야만 비로소 마음 닦는 공부를 잘할 수 있는 것이다.

거짓된 지식과
학문을 버려라

　지식 만능은 물질 만능 못지않게 큰 병폐다. 본질을 떠난 지식과 학문은 깨끗하고 순진한 본래의 마음을 더럽혀서 타락시키곤 한다. 인간의 본래 마음은 허공보다 깨끗하여 부처님과 조금도 다름이 없으나, 그 진면목을 발휘하려면 거짓된 지식과 학문을 내다버려야 한다.

　아무리 좋은 보물도 깨끗한 거울 위에서는 장애가 되고, 거울에 먼지가 쌓일수록 마음의 눈은 더욱더 어두워진다.

　우리 모두 마음의 눈을 가리는 거짓된 지식과 학문을 아낌없이 버리고, 허공보다 깨끗한 본래의 마음으로 돌아가 마음의 눈을 활짝 열고 이 광명을 뚜렷이 바로 보아야 한다.

진짜 큰 도둑

일반적으로 돈이나 물건을 남에게서 뺏거나 훔치는 자를 도둑이라 한다. 그러나 남의 나라를 뺏는 자를 두고는 영웅이라고 한다. 알고 보면 영웅이 더 큰 도둑인데도 말이다.

그러나 진짜 큰 도둑은 스스로 성인聖人인 체 하는 자들이다. 그들은 자신도 잘 모르면서 남을 속인다. 성인이나 철인哲人인 체 하면서 아는 체 하고 남을 속이는 게 진짜 도둑이다.

일체 중생을 위해
사는 사람

오직 부탁하고 싶은 것은 부처님 말씀에 따르는 불공을 하자는 것이다. 그리하여 아침저녁으로 부처님께 예불하면서 꼭 한 가지 축원을 하자.

일체 중생이 다 행복하게 해주십시오.
일체 중생이 다 행복하게 해주십시오.
일체 중생이 다 행복하게 해주십시오.

절을 한 번 하든 두 번 하든 일체 중생을 위해 절하고, 일체 중생을 위해 기도하고, 일체 중생을 위해 돕는 사람, 일체 중생을 위해 사는 사람이 되어야만 할 것이다.

진금

우리가 행복한 까닭은 우리가 사는 곳이 본시 천당이고 극락이며, 우리 자신이 해탈한 절대적 존재이기 때문이다. 나 자신이 흙덩이이고 똥덩이인 줄 착각하며 살았는데, 알고 보니 이 모든 것이 다 진금眞金이다.

본시 순금인 줄만 알아도 얼마나 좋은가. 그것만 알아도 얼마나 행복한가. 천하부귀를 다 누린다 해도, 내가 본시 순금이라는 이 소식에 비하면 아무것도 아니다.

꽃보다 아름다운 것

나는 꽃을 좋아한다. 가지마다, 송이마다 화장찰해華藏刹海다. 그러나 꽃보다 더 아름다운 것은 어린아이다. 아이들이 놀러와 춤추고 노래하며 재롱을 피울 때가 가장 즐거운 시간이다. 아이들은 나의 친구들이다. 꾸밈없는 천진함은 진불眞佛의 소식과 같다.

사람이 깨달아 어린아이같이 순진무구한 마음이 되면, 산이 물 위로 간다는 소식이 환하게 드러난다. 그것이 바로 깨침의 경지다.

물욕

우리는 영원한 생명과 절대적인 행복이 있는 현실 속에 살면서도, 삼생三生의 원수인 물욕으로 인해 지옥 같은 생활을 하고 있다. 물욕을 버릴 때 본래 낙원인 현실을 바로 볼 수 있다.

광명

  이 광명은 우주가 창조되기 전에도 항상 있었고 우주가 소멸된 후에도 항상 그대로이다. 이 광명은 삼라만상 일체가 입이 되어 억천만 년이 다하도록 설명하여도, 그 모습은 털끝만큼도 설명할 수 없으니 신기하고도 신기하다. 이 광명은 마음의 눈으로만 볼 수 있으니, 아무리 정교한 현미경이나 망원경으로도 볼 수 없다.

오직 자신을
깨쳐야만 아는 것

닭은 추우니 나무에 오르고
오리는 추우니 물에 내려간다.

　추운 것은 똑같은데 추우면 닭은 나무로 올라가고 오리는 반대로 물 속에 들어간다는 것이니, 이 뜻을 바로 알면 조사 스님이 말씀하신 것을 다 알 수 있다. 그렇지만 헛된 생각과 잘못된 이해로써 피상적 관찰을 했다가는 화살같이 지옥으로 떨어지게 된다. 오직 자신을 깨쳐야만 아는 것이지, 깨치기 전에는 절대로 이 뜻을 모르는 것이다.

지금 이대로가 극락세계

극락세계는 서방에 있다고들 한다. 이를 두고 육조스님은 동방세계 사람이 염불해서 서방세계로 간다면 서방세계에 있는 사람은 어디로 가느냐고 하셨다.

마음의 눈을 뜨고 보면 모든 것이 본래 광명 속에 살고 있고, 우리 자체가 본래 광명이다. 모든 존재, 모든 상대가 부처인 줄 알아서 부처님으로 존경하고 봉양한다면 극락세계에 따로 갈 필요가 없다. 지금 이대로가 극락세계다.

불자

불교를 믿는다면 부처님을 믿고, 부처님의 말씀인 법문을 믿는다는 것이다. 부처님이 뭐라고 말씀하셨는지 그 가르침을 배우고 익히지 않는다면 불자라고 할 수 없다.

불립문자

　불립문자不立文字는 가장 마지막 순간에 할 수 있는 말이다. 그것을 문자도 필요 없고, 부처님 법문도 필요 없고 조사의 법문도 필요 없다는 뜻으로 이해해서는 큰일이다. 약이 필요 없다는 것은 병이 없는 사람에게 해당되는 말이다. 병자에게는 약이 꼭 필요하다. 마찬가지로 우리가 본래의 건강을 회복할 때까지는 약을 곁에 두고 먹어야 한다.

　부처님이나 조사의 말씀에 의지하지 않는다면, 무엇에 의지하겠는가? 제멋대로 생각하고 산다면 그건 외도外道요, 그런 사람은 악인이 되기 쉽다. 부처님이나 조사의 말씀이 필요 없을 수준에 이를 때까지는 반드시 그 가르침에 의지해야만 바른 길을 갈 수 있다.

세속의 인연

　세속은 윤회의 길이요 출가는 해탈의 길이니, 해탈을 위해서는 세속의 인연을 끊어 버려야 한다.
　부모의 깊은 은혜는 출가 수도로써 보답한다. 만약 부모의 은혜에 끌리게 되면 이는 부모를 지옥으로 인도하는 것이니, 부모를 길 위의 행인과 같이 대하여야 한다.

병 중의 큰 병, 게으름병

병 가운데 제일 큰 병은 게으름병이다. 모든 죄악과 타락과 실패는 게으름에서 온다. 게으름은 편하려는 것을 의미하니, 그것은 죄악의 근본이다.

일일부작 일일불식一日不作 一日不食, 오직 영원한 대자유를 위해 모든 힘든 일을 참고 이겨야 한다.

남에게 질 줄 아는 사람

 천하에 가장 용맹스러운 사람은 남에게 질 줄 아는 사람이다. 무슨 일에서든 남에게 지고 밟히는 사람보다 더 높은 사람은 없다.

 천대받고 모욕받는 즐거움이여, 나를 무한한 행복의 길로 이끄는도다. 남에게 대접받을 때가 내가 망하는 때다. 나를 칭찬하고 숭배하고 따르는 사람들은 모두 나의 수도를 방해하는 제일의 마구니며 도적이다.

 중상과 모략 등 온갖 수단으로 나를 괴롭히고 헐뜯고 욕하며 해치고 괄시하는 사람보다 더 큰 은인은 없으니, 뼈를 갈아 가루를 만들어 그 은혜를 갚으려 해도 다 갚기 어렵거늘 하물며 어찌 원한을 품는단 말인가?

하심

좋고 영광스러운 것은 항상 남에게 미루고, 남부끄럽고 욕된 것은 남모르게 내가 뒤집어쓰는 것이 수도인의 행동이다. '항상 자기의 허물만 보고 남의 시비와 선악은 보지 못한다'는 육조대사의 말씀이야말로 공부하는 사람의 눈이다.

도가 높을수록 마음은 더욱 낮추어야 하니, 모든 사람을 부처님과 같이 존경하고 원수를 부모와 같이 섬긴다. 어린이나 걸인이나 어떠한 악인이라도 차별하지 않고 극진하게 존경한다.

낮은 자리에 앉고 서며, 끝에서 수행하여 남보다 앞서지 않는다. 음식을 먹을 때나 물건을 나눌 때, 좋은 것은 남에게 미루고 나쁜 것만 가진다. 언제든지 고되고 천한 일은 자기가 한다.

인과

모든 일이 다 내 인과因果 아님이 없나니, 추호라도 남을 원망하게 되면 이같이 어리석은 사람은 없을 것이며 이같이 못난 사람도 없을 것이다.

정진

세 시간 이상 자지 않는다.
벙어리같이 지내며 잡담하지 않는다.
글자를 못 읽는 사람처럼 일절 문자를 보지 않는다.
배불리 먹지 않는다.
적당하게 일한다.

모든 육도만행六道萬行은 그 목적이 생사해탈, 즉 성불에 있으니, 성불의 바른 길인 참선에 정진하지 않으면 이는 고행외도苦行外道에 불과하다.

예참

　일체 중생의 죄과는 곧 자기의 죄과니, 일체 중생을 위하여 매일 백팔참회百八懺悔를 여섯 번 하되 평생토록 하루도 빠지지 않고 한다.

　건강과 기타 수도에 지장이 생기는 것은 모두 자기의 업과니, 하루 삼천배를 일주일 이상 특별히 한다.

　자기의 과오만 항상 반성하여 고쳐 나가고, 다른 사람의 시비는 절대로 말하지 않는다.

이타

　수도의 목적은 이타利他에 있으니 이타심이 없으면 이는 소승외도小乘外道다. 마음으로, 물질로 항상 남에게 봉사한다.

　자기 수도를 위해 힘이 미치는 대로 남에게 봉사하되, 추호의 보수도 받아서는 안 된다. 노인이나 어린아이, 병자나 가난한 자를 보거든 특별히 도와야 한다.

계

　계戒는 물을 담는 그릇과 같다. 그릇이 깨지면 물을 담을 수 없고, 그릇이 더러우면 물이 더러워진다. 흙그릇에 물을 담으면 아무리 깨끗한 물이라도 흙물이 되고 똥그릇에 물을 담으면 똥물이 되고 만다. 따라서 계를 잘 지키지 못하면 다음 생에 사람 몸을 받기는커녕 악도에 떨어지고 만다.

　그러니 어찌 계를 파하고서 깨끗한 법신을 바라겠는가. 차라리 생명을 버릴지언정 계를 파하지 않으려는 것은 바로 이 때문이다.

　옛 사람의 말씀대로, 알고서 죄를 지으면 산 채로 지옥에 떨어지니 수행자는 더욱 명심하고 명심할 것이다.

영겁불망

산 법문 끝에서 바로 깨치면 活句下薦得
영겁토록 잊지 않는다. 永劫不忘

불교의 근본 진리를 바로 깨치면 그 깨친 경계, 깨친 자체는 영원토록 잊어버리거나 없어지지 않는다는 것이다. 금생뿐 아니라 내생에도, 내내생에도 영원토록 잊어버리지 않는다. 이것이 불교에서 말하는 영겁불망永劫不忘이다.

참선

　대자유에 이르는 길, 곧 영겁불망인 생사해탈의 경계를 성취하는 데 여러 가지 방법이 있지만, 그중에서도 가장 빠른 것은 참선이다. 참선은 화두가 근본이며, 화두를 부지런히 참구하여 바로 깨치면 영겁불망의 경계에 이르는 것이다.

천당과 지옥

　대저 천당과 지옥은 어리석은 생각으로 일어나는 환상이니, 마음의 눈을 떠서 바른 지혜를 가지면 이 환상은 저절로 없어진다. 그때에는 전체가 부처이며 전체가 태평하여 천당과 지옥이라는 이름도 찾아볼 수 없다.

　그러나 잠을 깨지 못하면 꿈이 계속되듯이, 마음의 눈을 뜨지 못하면 중생이 끝없이 계속되므로 참으로 안타까운 일이다. 이러한 중생계는 한이 없으니 부처님의 지옥 생활은 오늘도 내일도 중생계가 다할 때까지 끝이 없다.

절대세계

불교에서는 근본적으로 현실이 절대라고 주장한다. 눈만 뜨고 보면 사바세계 그대로가 극락세계가 되는 것이다. 그러니 절대세계를 딴 데 가서 찾으려 하지 말고 자기 마음의 눈을 뜨도록 노력해야 한다. 눈만 뜨면 태양이 온 우주를 비추고 있다는 것을 볼 수 있다. 바로 알고 보면 우리 앉은 자리 선 자리, 이대로가 절대세계이다.

가장 낮은 곳이
바다가 된다

　스스로 자신이 잘나지 못함을 철저히 깨달아 모두를 부처님과 같이 섬기게 되면, 일체가 나를 부처님과 같이 섬기지 않을 수 없을 것이다. 가장 낮은 곳이 자연히 바다가 되나니, 이것은 일부러 남에게 존경을 받으려는 데서 오는 것이 아니다. 만약 조금이라도 남에게 존경을 받을 생각이 있으면, 남이 존경을 하지 않는다.

영원한 진리를 위해
일체를 희생한다

내가 마음속으로 늘 생각하는 쇠말뚝이 있다. 거기에는 이런 글귀가 하나 적혀 있다.

'영원한 진리를 위해 일체를 희생한다.'

나는 진리를 위해 불교를 택한 것이지, 불교를 위해 진리를 택한 것이 아니다. 참으로 진리에 살려면 세속적인 이익과 명예는 다 버려야 한다. 만약 그것이 앞서면 진리는 세속적인 영리를 추구하는 도구가 되어 버리고 만다.

자유자재한 대해탈인

　마음 닦는 공부 중에서도 참선이 제일의 첩경이다. 화두를 배워서 열심히 하다 보면, 일상 생활 속에서도 화두가 간단없이 계속되고, 나아가 꿈속에서도 계속되는 경지에 이른다. 여기에서 더욱 노력하여 물러서지 않으면 깊은 잠이 들어도 화두가 역력히 계속되는 숙면일여熟眠一如에 이른다. 이는 모든 잡념이 완전히 끊기고 무심의 상태가 된 증거다. 이러한 숙면일여의 무심에서 확연히 깨우치게 되면 그때 비로소 마음의 눈을 크게 떠 '산은 산 물은 물'이라고 소리치게 되는 것이다. 이런 사람이 바로 자유자재한 대해탈인이다.

중도를 보는 눈

　만법이 한데 어우러진 중도中道의 실상을 바로 보면, 모순과 갈등, 대립과 투쟁은 자연히 사라지고 하나가 되어 존재하는 대단원이 있을 뿐이다.
　그 중도의 소식을 보는 눈은 맑기가 거울 같아야 하고, 밝기가 해와 달보다 밝아야 한다. 그것은 밖에서 구해 얻어지는 것이 아니다. 마음 자리의 본래 모습이 그 맑음이요, 밝음이다.

출가의 목적

출가한 사람의 목적은 대법大法을 성취하여 일체 중생을 위해서 사는 것이다. 출가는 참으로 큰 일을 하기 위해 세속을 버리는 것이다. 그러므로 스님들의 수행은 자신만을 위한 것이 아니다. 수행 기간 동안에는 일시적으로 세속을 버리고 사는 것 같지만, 근본적인 목적은 성불하여 일체 중생을 위해 살고자 하는 것이다.

만약 자기를 위해 수행하고 자기를 위해 견성한다면 그것은 잘못된 길이다. 불교의 출발이자 종점은 바로 남을 위하는 것이다.

눈뜬 봉사

 우리 중생은 현실에서 차이만 보고 한계만 보려고 한다. 한계 없는 절대의 세계는 보지 못하는 것이다. 상대와 절대, 유한과 무한의 한계는 그것을 보는 사람의 눈에 달려 있다. 아무리 해가 떠서 온 우주를 감싸고 있다 해도 눈 감은 이는 광명을 보지 못한다.

 이 우주 전체가 불국토 아님이 없고 부처님 아닌 것이 없다. 그런데도 중생은 번뇌와 망상의 구름에 가려서 눈을 뜨고서도 보지 못하는 것이다.

 절대와 상대는 때와 장소에 따라 차이가 있는 것이 아니다. 전체가 모두 광명이다. 눈 감은 사람이 볼 때는 암흑이고, 눈뜬 사람이 볼 때는 광명인 것처럼, 눈만 뜨면 이곳 이대로 모두 절대다. 또한 동시에 부처님 아닌 이가 없는 것이다.

부처님 오신 참뜻

　부처님 오신 참뜻은 부처님 육신의 탄생이 아니라 인간이 미망과 어두움을 떨쳐내고, 독선과 아집으로부터 벗어나도록 깨달음을 주기 위한 것이다. 그렇기 때문에 부처님 오신 참뜻은 깨쳐서 작용하는 영원한 생명으로 우리들 속에 흐르는 진리의 여울이 되어야 한다. 불교의 생명력이란 이 사회의 현상을 바로 보고, 진정하게 뉘우치며 중생들을 위해 불공하는 간절한 발원에 있다.

불교와 세속

　세속을 불교화해야지, 불교가 세속화되어선 안 된다. 승려는 철저한 불교 정신을 가져야 한다. 승려는 세상이 아무리 서西로 가더라도 바른 길이 동東이라면 동으로 가도록 계속 빛을 발해야 한다.

　수행하는 사람들이 세속화되면 물에 빠진 사람을 건지려다 같이 익사하는 꼴이 된다. 자신은 물에 빠지지 않고 물에 빠진 사람을 건져 낼 역량을 키워야 한다. 그것이 바로 순수 불교 정신이다.

예토를 장엄정토로

우리는 지금 지구라고 하는 정류장에 머물고 있는 나그네다. 그러나 이곳을 아름답게 가꾸느냐 아니면 파경으로 이끄느냐 하는 자유 선택의 의지에 따라 우리는 주인공이 될 수 있다. 만약 우리가 무명의 사슬에 얽혀 덧없는 유전을 거듭한다면, 그것은 우리의 미래를 스스로 어둡게 하는 일이다. 반면에 슬픔의 예토를 장엄정토로 승화시키는 간곡한 의지의 집약은 희망이 있는 내일을 기약하는 척도가 될 것이다.

마음의 동질성

평화와 자유는 결코 반목과 질시로 얻어질 수 없다. 대립은 투쟁을 낳고, 투쟁은 멸망을 낳는다. 미움은 결코 미움으로 지워질 수 없다. 그것이 바로 지극한 자비의 도리가 실현되어야 하는 까닭이다.

생명의 물결이 그윽한 마음의 원천에서 비롯되었다는 믿음, 그리고 그 마음이라는 동질성 위에 모든 생명이 하나일 수 있다는 확신은 우리를 희망에 용솟음치게 한다.

불교인의 자세

원컨대 수승하온 이 공덕을 위없는 진법계에 회향하나이다. 願將以此勝功德 廻向無上眞法界

불공을 드리면서 혹 남거나 빠진 공덕이 나에게 올까 봐, 그 남은 공덕조차도 모두 온 법계로 돌아가서 내게는 하나도 오지 말라는 발원이다.

일체 중생을 대신해서 모든 죄를 참회하고, 일체 중생을 위해 모두 기도하는 것, 이것이 참으로 불교를 믿는 사람의 근본 자세이며 사명이자 본분이다.

악마와 부처

　선과 악은 헛된 분별이어서 악마와 부처는 이름은 달라도 몸은 한몸이다. 그러니 악인을 보고 부처님으로 존경하지 않고 용서만 베푼다면, 그것은 악인의 참모습을 모르는 사람이다.

　악인은 때 묻은 옷을 입은 사람, 부처님은 깨끗한 옷을 입은 사람과 같다. 때 묻은 옷을 입었다고 사람을 차별하면, 이는 옷만 보고 사람은 보지 못한 것이다. 그러므로 '악마여 물러가라'고 외치지 말고 '악마여, 거룩합니다. 나는 당신을 존경합니다'라며 정성을 다해 섬기라. 그러면 이 세상에서 악마는 찾아볼 수 없게 되고, 오직 부처와 부처만이 서로서로 손을 잡고 살게 될 것이다.

최잔고목

 부러지고 이지러진 마른 나무 막대기가 있다. 최잔고목 摧殘枯木이라고 한다. 이렇게 쓸데없는 나무 막대기는 나무꾼도 돌아보지 않는다. 땔나무도 되지 않기 때문이다. 불땔 물건도 못되는 나무 막대기는 천지간에 어디 한 곳 쓸데가 없는 아주 못 쓰는 물건이니, 이러한 물건이 되지 못하면 마음 닦는 공부를 할 수 없다.

 자기를 내세우면 내세울수록 결국 저 잘난 싸움 마당에서 춤추는 미친 사람이 되어 마음을 닦는 길은 영영 멀어지고 만다. 그러므로 마음 공부를 하는 사람은 세상에서 아무 쓸 곳이 없는 대낙오자가 되어 오직 영원을 위하여 모든 것을 다 희생해서 버리고, 세상을 아주 등진 사람이 되어야 한다. 누구에게나 버림받는 사람, 어느 곳에서나 멸시당하는 사람, 살아나가는 길이 마음을 닦는 길밖에 없는 사람이 되어야 하는 것이다.

무정설법

　무정이란 무생물이다. 생물은 으레 움직이고 소리도 내니까 설법을 한다고 할 수 있지만, 무정물인 돌이나 바위, 흙덩이는 움직이지도 않으면서 무슨 설법을 하는가 하겠지만, 불교를 바로 알려면 바위가 항상 설법하는 것을 들어야 한다. 그뿐 아니다. 모양도 없고 형상도 없고 보려고 해도 볼 수 없는 허공까지도 항상 설법을 하고 있다. 이렇게 되면 온 세상에 설법 안 하는 존재가 없고 불사佛事 안 하는 존재가 하나도 없다. 참으로 마음의 눈을 뜨고 보면, 눈만 뜨이는 것이 아니라 마음의 귀도 열린다. 그러면 거기에 서 있는 바위가 항상 설법을 하는 것을 다 들을 수 있다. 이것을 불교에서는 무정설법無情說法이라고 한다.

더불어 사는 세상

 높이 쏘아진 화살도 기운이 다하면 땅에 떨어지고, 피었던 잎도 떨어지면 뿌리로 돌아간다. 만물은 원래부터 한 뿌리에서 비롯되었기 때문이다. 이를 들어 연緣, 윤회輪廻, 또는 인과因果라 한다.

 시비선악是非善惡도 본래 하나에서 시작된 것이어서 이를 가른다는 것은 마음속에 타오르는 불기둥을 끄려고 바닷물을 다 마시려는 것과 같다.

 원래가 하나인, 사바 사람들이 더불어 잘사는 세상을 만들기 위해서는 이 시비선악의 분별심이 없어져야 한다.

 사바의 참모습은 수억만 년 비추는 해나 티없이 맑은 창공과 같아 청정한 것인데, 분별심을 일으키는 마음에서 하나가 열이 되고 열이 백이 되고, 그로 인해 욕심과 고통이 생겨나는 것이다.

참 종교인

　종교인의 기본 자세는 나를 잊어버리고 남을 위해서만 사는 것이다. 성직자든 신도든 가림 없이 모든 종교인은 남을 위해 살아야 한다. 어느 종교에도 '나만을 위해, 나 자신의 이익과 욕심을 위해' 기도하라는 말은 없다. 스스로의 안일과 풍족함을 꾀하는 성직자가 있을 수 없고, 제 욕심만 채우려는 신도 역시 신도가 아니다. 남의 고난과 아픔을 자신의 그것보다 더 뼈저리게 느끼고, 덜어 주고 같이 나누는 데 종교인의 참다움이 있는 것이다.

모든 것이 불법이다

어떤 종교에서는 오로지 자기 종교에 의해서만 구원받을 수 있다고 말한다. 참 곤란한 문제다. 진정한 종교란 내 말을 듣지 않는 사람까지도 살 길을 열어 주는 것이 아니겠는가. 불교는 '일체법一切法이 개시불법皆是佛法', 모든 것이 불법 아닌 것이 없다고 선언한다. 다시 말하면, 하나의 법도 버릴 게 없다는 것이다. 이렇게 활짝 문을 열어 놓은 채 자기 자신을 바로 보고, 자기를 바로 알고 이웃을 도우라고 가르친다.

불교에서는 부처님을 믿고 안 믿고의 문제보다는 자기 마음을 바로 보고 바로 쓰면서 바른 행동을 하는 것이 중요하다. 따라서 석가모니에 의지하지 않더라도 누구나 해탈할 수 있는 것이다.

영원한 생명

억천만겁토록 생사고해를 헤매다가 어려운 일 가운데도 가장 어려운 사람 몸을 받고 부처님 법을 만났으니, 이 몸을 금생에 제도하지 못하면 다시 어느 생을 기다려 제도할 것인가?

철석 같은 의지, 서릿발 같은 결심으로 혼자서 만 명이나 되는 적을 상대하듯, 차라리 목숨을 버릴지언정 결코 물러나지 않겠다는 각오가 서야만 한다. 오직 영원한 해탈, 즉 '성불을 위해 일체를 희생한다'는 굳은 결의로써 정진하면 반드시 영원한 생명을 얻을 것이다.

구경의 즐거움

모든 괴로움을 버리고 구경의 즐거움을 얻는다.

離一切苦 得究竟樂

이 말씀은 모든 괴로움을 다 버리고 구경究竟의 즐거움, 곧 영원하고 절대적인 즐거움을 얻는 것이 불교의 궁극적인 목표임을 가르친다. 그것은 곧 상대적이고 유한한 생멸세계를 떠나, 절대적이고 무한한 해탈세계로 들어가 영원한 행복을 얻고자 하는 모든 종교의 목표와 꼭 같다.

부처님 법으로 돌아가자

삼계를 이끄는 스승이시며 모든 생명의 자애로운 부모이신 부처님은 만대萬代의 표준이다. 부처님 법에 위배되는 어떠한 제도도 불교의 반역이며 파괴이니 용납할 수 없다. 청정한 계율을 견지하여 훼범하지 말라고 하신 부처님의 유촉은 불교의 생명이다.

오직 정법을 위하여 신명身命을 돌아보지 않는 용맹신심으로 대동 단결하여 부처님 법으로 돌아가, 이 땅 위에 불교를 영원히 꽃피게 하자.

만법이 불법

동녘 하늘에서 오색 구름이 열리고, 둥근 새해가 찬란한 빛을 놓으니 우주의 모든 생명이 환희와 영광에 가득 차 있다.

만법萬法이 불법佛法 아닌 것이 없고, 만사萬事가 불사佛事 아닌 것이 없어서 높은 산과 흐르는 강은 미묘한 법문을 설하고, 나는 새와 기는 짐승은 무한한 행복을 노래한다. 선한 사람, 악한 사람 모두가 부처님의 모습이요, 맑은 물과 탁한 물이 모두 자비의 줄기니 온 세상에 훈훈한 봄바람이 넘친다.

서 있는 자리, 앉은 자리가 금방석, 옥걸상 아닌 곳이 없어서, 우리 모두가 그 자체로 아름다운 풍월, 흥겨운 장단 속에서 춤을 추고 있다.

모든 동포 자매들이여! 눈을 들어 앞을 바라보자. 끝없는 광명이 우주를 비춰서 항상 빛나고 있으니, 우주 자체가 광명이다. 이 영원한 광명 속에서 서로 손을 맞잡고 앞으로 앞으로 힘차게 나아가자. 눈앞에는 평화와 자유, 환희와 영광이 있을 뿐이다.

들판에 가득 찬 황금 물결은 우리 생활의 곳집이요, 공장을 뒤흔드는 기계 소리는 우리 앞날의 희망이다. 우리 모두 두 손을 높이 모아 이렇듯 신비한 대자연 속 아름다운 강산에서 춤추며 노래하여 모든 생명들을 축복하자.

불교의 근본

　불교의 근본 원리에 '일체 만법이 하나도 멸하는 것이 없다一切萬法 不生不滅'는 말이 있다. 이 말은 죽은 후에 영혼만이 윤회하는 것이 아니라, 물질도 멸하지 않고 그 형태만 바뀌어 영원토록 윤회한다는 것을 뜻한다.

　예를 들면 양초에 불을 붙이면 양초는 타서 없어진다. 그러나 양초를 구성하고 있는 원소가 분산된 것일 뿐 결코 없어진 것은 아니다. 분산된 원소는 인체나 짐승, 나무 등에 모두 흡수되어 순환되는 것이다. 즉 물질의 원소는 없어지는 것이 하나도 없다는 뜻이다. 요즘 세상일을 보면 온갖 나쁜 일들이 벌어진다. 그러나 인과 법칙을 분명히 알면 죄를 지을 수 없다. 업이란 자기가 짓고 자기가 받는 것이니, 바보가 아닌 다음에야 착한 일을 해야 한다는 것을 분명히 알 것이다. 불교의 근본은 바로 이 점에 있다.

종교의 목표

  종교는 저마다 내세우는 교조教祖가 다르므로 그 내용이 서로 다를 수밖에 없다. 그러나 각 종교가 갖는 궁극적인 목표는 인간으로 하여금 영원한 행복에 이르도록 한다는 것, 이 목표가 모두 같다고 본다. 이를테면, '서울로 간다'고 할 때 북쪽에서 가든 남쪽에서 가든, 바다에서 가든 육지에서 가든 비록 그 방향과 수단은 제각기 다르지만 서울이라는 목표는 다 같다. 그렇듯 종교의 지향하는 목표는 어느 종교에서나 다 같다.

불교의 근본 사상 중도

　불교의 근본 사상은 중도다. 팔만대장경 전체가 여기에 입각해 있으며, 부처님께서 49년 동안 설법하신 모든 말씀도 이 중도를 설명하기 위한 것이다. 이것을 떠나서 불교를 설명하는 것은 부처님에 대한 반역反逆이다. 불교를 설명한 많은 것들의 진위를 가리려면, 중도논리中道論理, 중도정의中道定義에 위배되는지를 가늠해 보아야 한다. 그것에 위배되는 사상은 결코 부처님의 가르침이 아니다.

남을 돕는 일이
곧 나를 돕는 일

 천지는 나와 같은 뿌리요, 만물은 나와 같은 몸이다. 천지 사이에 만물이 많이 있지만 나 외엔 하나도 없다.

 그리하여 남을 돕는 것은 나를 돕는 것이며, 남을 해치는 것은 나를 해치는 것이다. 어느 누구도 나를 해치고자 하는 이는 아무도 없을 것이다. 이 이치를 깊이 깨달아 나를 위하여 끝없이 남을 돕자.

계율

계율을 생명보다 더 중하게 지켜야 한다. 계율을 지키는 것은 영원한 자유해탈의 길이요, 계율을 파하는 것은 무한한 생사고통의 길이다. 계율을 지키다가 죽는 것은 참된 삶이요, 계율을 파한 삶은 영원히 죽는 것이다. 그러므로 옛 스님들은 영원히 살기 위해 계율을 굳게 지켜 죽을지언정 계율을 파하면서 살려 하지는 않았다.

생명의 참모습

 악하고 천한 것은 겉보기일 뿐 그 참모습은 거룩한 부처님과 조금도 다름이 없어서, 일체가 장엄하며 일체가 숭고하다. 그러므로 하찮게 보이는 파리나 개미, 사납게 날뛰는 이리나 호랑이를 부처님과 같이 존경해야 하거늘, 하물며 같은 무리인 사람끼리는 더 말할 것도 없다. 살인자, 강도 등 극악 죄인을 부처님과 같이 공경할 때, 비로소 생명의 참모습을 알고 참다운 생활을 하게 된다.

우리 곁에 계시는 부처님

　진리를 사모하고 참되게 살려는 노력을 경주하는 이들에게 부처님의 가르침은 언제나 열려 있다. 우리가 그분께 묻고 가르침을 구할 때, 부처님은 언제나 우리 곁에 계신다. 이 시대의 아프고 그늘진 곳에 그분의 큰 자비광명이 두루 비추기를 간곡히 기원한다.

네 적을 더 도와라

참다운 종교인은 자기 종교를 욕하고 핍박하는 자를 가장 먼저 천당 보내 주고 극락 보내 주라고 축원하고 기도한다. 자신의 종교를 믿는 사람은 전부 다 좋은 곳으로 가고, 안 믿는 사람은 모두 다 나쁜 곳으로 가라고 말한다면 그는 참다운 종교인이 아니다.

나를 욕하고 해치려 할수록 그 사람을 더 존경하고, 더 돕고, 더 좋은 자리에 앉게 하라고 부처님께서는 항상 말씀하셨다. 마음을 잘 닦으면 자연히 그렇게 될 일이다.

불자의 책무와 긍지

지금 이 순간에도 닫혀진 편견의 다툼은 다른 이를 미워하며 해치고자 하는 무서운 몰이해의 장벽을 쌓아 가고 있다. 서로를 이해하려는 노력을 이 시대의 지배적 경향으로 이끌어 가는 것이야말로 불자된 이의 책무이며 긍지일 수 있다. 부처님은 그 점을 가르치고자 오셨으며, 영원의 미래에서도 그 점을 가르치실 것이다.

자기를 바로 봅시다

자기는 원래 구원되어 있습니다.
자기가 본래 부처입니다.
자기는 항상 행복과 영광에 넘쳐 있습니다.
극락과 천당은 꿈속의 잠꼬대입니다.

자기를 바로 봅시다.
자기는 시간과 공간을 초월하여 영원하고 무한합니다. 설사 하늘이 무너지고 땅이 꺼져도 자기는 항상 변함이 없습니다. 유형, 무형할 것 없이 우주의 삼라만상이 모두 자기입니다. 그러므로 반짝이는 별, 춤추는 나비가 모두 자기입니다.

자기를 바로 봅시다.

모든 진리는 자기 속에 있습니다. 만약 자기 밖에서 진리를 구하면, 이는 바다 밖에서 물을 구함과 같습니다.

자기를 바로 봅시다.

자기는 영원하므로 끝이 없습니다. 자기를 모르는 사람은 세상의 끝을 걱정하고 두려워하여 헤매고 있습니다.

자기를 바로 봅시다.

자기는 본래 순금입니다. 욕심이 마음의 눈을 가려 순금을 잡철로 착각하고 있습니다. 나만을 위한 생각을 버리고 힘을 다하여 남을 도웁시다. 욕심이 자취를 감추면 마음의 눈이 열려서 순금인 자기를 바로 보게 됩니다.

자기를 바로 봅시다.

아무리 헐벗고 굶주린 상대라도 그것은 겉보기일 뿐, 본모습은 거룩하고 숭고합니다. 겉모습만 보고 불쌍히 여기면, 이는 상대를 크게 모욕하는 것입니다. 모든 상대를 존경하며 받들어 모셔야 합니다.

자기를 바로 봅시다.

현대는 물질 만능에 휘말려 자기를 상실하고 있습니다. 자기는 큰 바다와 같고 물질은 거품과 같습니다. 바다를 보고 거품은 따라가지 않아야 합니다.

자기를 바로 봅시다.

부처님은 이 세상을 구원하러 오신 것이 아니요, 이 세상이 본래 구원되어 있음을 가르쳐 주려고 오셨습니다.

이렇듯 크나큰 진리 속에서 살고 있는 우리는 참으로 행복합니다. 다 함께 길이길이 축복합시다.

중도가 바로 부처

중도가 곧 부처님이니 중도를 바로 알면 부처님을 본다.
중도는 중간 또는 중용이 아니다.
중도는 시비선악 같은 상대적 개념의 극단을 버리고 모순과 갈등을 하나로 아우르는 절대의 경지다.

흔히 시비선악처럼 상호모순된 대립과 투쟁을 현실의 참모습으로 생각하지만, 이는 허망한 분별로 인해 착각하는 거짓된 모습이다.
우주의 실상은 대립의 사라짐과 그 어우러짐에 있다.
옳고 그름이 어우러져 옳음이 곧 그름이요, 그름이 곧 옳음이다. 선악이 어우러져 선이 곧 악이요, 악이 곧 선이니 이것이 하나되어 구별이 없어지는 중도의 진리다.

자연계뿐만 아니라 우주 전체가 모르고 볼 때에는 제각각으로 보이지만, 알고 보면 모두가 하나다. 착각해서 보는 허망한 분별인 시비선악을 고집하고 버리지 않으면, 상호 투쟁은 늘 계속되어 끝이 없다.

만법이 혼연융합한 중도의 실상을 바로 보면, 모순과 갈등, 대립과 투쟁은 자연히 소멸되고 융합자재한 일대단원 一大團圓이 있을 뿐이다.

악인과 성인이 한몸이며, 너는 틀리고 나는 옳다 함도 한 이치이니, 호호탕탕한 자유 세계에서 어디로 가나 웃음뿐이요, 불평불만은 찾아볼 수 없다.

대립이 영영 소멸된 이 세계에는 모두가 중도 아닌 것이 없어서 부처님만으로 가득 차 있으니, 이 중도실상의 부처님 세계가 우주의 본모습이다.

우리는 본래 평화의 꽃이 만발한 크나큰 낙원에 살고 있다.

시비선악의 양쪽을 버리고 아무 속박 없이 한데 어우러지는 이 중도실상을 바로 보아야 한다. 여기에서 우리는 영원한 휴전을 하고 절대적 평화가 있는 고향으로 돌아간다.

  삼라만상이 일제히 입을 열어 중도를 노래하고 부처님을 찬양하는 이 거룩한 장관 속에서 손에 손을 맞잡고 다 같이 행진하자.

부처님이 계신 곳

　천상천하에 홀로 존재하는 부처님이 계신 곳은 험악하고도 무서운 저 지옥이니, 그곳에서 온갖 고통받고 신음하는 모든 중생들의 고통을 대신 받고 그들을 안락한 곳으로 데려가기 위해 부처님은 항상 지옥에 계신다. 부처님은 남의 고통을 대신 받는 것을 가장 큰 기쁨으로 삼는다.
　부처님의 부처는 고통받는 중생들이니 그들이 없으면 부처가 필요 없다. 부처님은 효자가 부모 모시듯 그들을 정성으로 섬긴다. 설사 그들이 부처님을 해롭게 하더라도 더욱 존경하며 더욱 잘 받든다. 이는 부처님이 베푸는 자비가 아니라 부처님의 길이며 생활이다.
　부처님은 험하고 어려운 곳만을 찾아다닌다. 부처님은 어둡고 더러운 곳만을 찾아다닌다. 부처님은 괄시받고 버림받은 이들만을 찾아다닌다.

본마음

 우리는 모두가 깨끗하고 빛나는 넓은 마음을 갖고 있어서 오랜 세월 영원히 변함이 없다. 설사 천 개의 해가 일시에 떠올라도 이 빛보다 밝지 못하니, 이것을 본마음이라고 한다. 넓고 가없는 우주도 본마음에 비하면 바다 위에 떠 있는 좁쌀 하나에 불과하다.

 이 본마음은 생각으로도 미치지 못하고 말로써도 형용할 수 없으니, 이러한 보물을 갖고 있는 우리는 영광 중의 영광이다.

 이 마음에는 일체의 지혜와 무한한 덕행이 완전히 갖추어져 있으니, 이것을 자연지自然智라고 한다. 이 자연지는 우리 각자가 가진 끝없는 보물창고다. 이것의 문을 열면 지덕을 두루 갖춘 출격대장부出格大丈夫가 되나니, 이것이 인간 존엄의 극치다.

 세상 사람들은 이 보고를 몰라보고 옛 사람들이 다 밝혀내어 새로운 것이 없는 언어와 문자에서만 찾고 있으니, 이는 얼음 속에서 불을 찾음과 같다.
 이 마음은 거울과 같아서 아무리 오랫동안 때가 묻고 먼지가 앉아 있어도, 때만 닦아내면 본거울 그대로 깨끗하다. 그리고 때가 묻어 있을 때나 때가 없을 때나 거울 그 자체는 조금도 변함이 없다.
 금가루가 아무리 좋아도 거울 위에 앉으면 때가 되어서 거울에는 큰 장애가 될 뿐이다. 그리하여 성현들의 금옥같은 말씀들도 이 거울에는 때가 되어 본마음은 도리어 어두워진다. 그러므로 깨끗하고 밝은 본마음을 보려면 성인도 털어 내고 악인도 털어 버려야 한다.

거룩한 부처님

부처님의 몸은 광대무변廣大無邊하여 온 세계에 꽉 차서 없는 곳이 없으니, 저 가없는 허공도 넓은 바다 가운데 좁쌀 하나와 같이 작다.

부처님의 수명은 영원무궁하여 우주가 생기기 전에도, 우주가 없어진 후에도 항상 계셔서 과거가 곧 미래요, 미래가 곧 현재다.

부처님의 능력은 미리 헤아릴 수 없을 정도로 신기하고 묘하며 상대의 욕망에 따라 천만 가지로 몸을 나투어 일체를 이롭게 하며 쉬지 않는다.

부처님의 광명은 우리 생각으로는 도저히 알 수 없을 만큼 오묘하여 이 광명 속에서는 설사 수많은 해와 달이 비춘다 해도 대낮의 촛불만 못하다.

부처님의 지혜는 스승 없이 저절로 생겨난 것이니, 우주의 근본을 통찰하고 생명의 원천을 꿰뚫어 일체의 진리와 정도를 열어 보인다.

부처님의 자비는 어떤 장애도 없어서 더러운 것 중의 하찮은 벌레를 부처로 모시며, 철천지원수를 부모로 섬긴다. 남을 위해서는 모든 것을 아끼지 않으며, 자기 목숨까지도 기꺼이 버려 일체에 뻗치는 따뜻한 손길은 바쁘고도 바쁘다.

거룩한 부처님의 모습은 천상천하의 먼지들이 낱낱이 입이 되어 억만 년 동안 찬탄하여도 그 만분의 일도 형용할 수 없다. 이는 석가만의 특징이 아니요, 일체에 평등하게 유형무형이 전부 갖춰져 있으니 참으로 생각할 수 없는 일이다. 우리 모두 마음의 눈을 활짝 열어 이 거룩한 모습을 역력히 바라보며 길이길이 찬양하자.

집착을 버려라

　각 종교의 절대적 권위인 교조들의 말씀은 본마음에 가장 큰 장애와 병폐가 되나니, 불교를 믿는 사람은 석가모니를 버리고 기독교를 믿는 사람은 예수를 버려야 한다.

　석가모니, 예수, 공자, 노자 할 것 없이 성인과 악인을 다 버리고 닦아 내면 푸른 허공과 같이 깨끗하게 되나니, 이 허공까지 부수어 버려야 본마음을 본다.

　과거 성인들의 말씀에 너무 집착하여 버리지 못하면 본마음에 이보다 더 큰 병폐와 장애가 없다. 이것을 독약같이 버려야 참다운 지혜와 영원한 자유가 있으며 우리의 본마음을 볼 수 있으니, 이들을 원수같이 털어 버려야만 한다. 이를 버리지 못하면 본마음은 점점 더 컴컴해진다.

우리의 본마음을 보려면 이들을 빨리 털어 버려야 한다.

성인, 악마 다 잊고서 홀로 앉아 있으면, 산 위에 솟은 달은 더욱더 빛이 나며, 담 밑에 국화꽃은 더 이상 향기로울 수가 없다.

사바가 곧 정토

시비와 선악은 본래 공하고, 마군과 제불은 원래 같은 몸이다. 생사열반은 꿈속의 꿈이요, 이해득실은 거품 위의 거품이다.

진여의 둥근 달이 휘황찬란하여 억천만겁 변함없이 모든 것을 밝게 비추니 사바가 곧 정토다.

물거품인 이해득실을 단연히 버리고

영원한 진리의 둥근 달을 항상 바라보며 나아가자.

만법이 청정하여 청정이란 이름조차 찾아볼 수 없으니

가없는 이 법계는 거룩한 부처님들로 가득 차 있다.

들판의 괭이소리 공장의 기계소리 함께 다 같이 태평가를 노래하니 푸른 언덕 잔디 위에 황금빛 꽃사슴이 즐겁게 뛰어 논다.

본래성불

　설사 허공이 무너지는 날이 있어도 이 진리는 변함 없이 인간에게 주어진 최고의 행복이다. 이 진리는 항상 우리의 눈앞에 펼쳐져 있으므로, 알고 보면 본래성불인 자신들의 생일을 온 우주가 다 함께 축하해도 부족하다.

　마루 밑의 멍멍이와 외양간의 얼룩이, 나는 새와 기는 짐승, 서 있는 바위와 흐르는 물, 늙은이와 젊은이가 모두 함께 입을 모아 스스로의 생일을 축복하라.

당신이 부처입니다

　교도소에서 살아가는 거룩한 부처님들, 오늘은 당신네 생신이니 축하합니다. 술집에서 웃음 파는 엄숙한 부처님들, 오늘은 당신네 생신이니 축하합니다.
　밤하늘에 반짝이는 수없는 부처님들, 오늘은 당신네 생신이니 축하합니다. 꽃밭에서 활짝 웃는 아름다운 부처님들, 오늘은 당신네 생신이니 축하합니다.

　구름 되어 둥둥 떠 있는 변화무쌍한 부처님들, 바위 되어 우뚝 서 있는 한가로운 부처님들, 오늘은 당신네 생신이니 축하합니다.
　물 속에서 헤엄치는 귀여운 부처님들, 허공을 훨훨 나는 활발한 부처님들, 교회에서 찬송하는 경건한 부처님들, 법당에서 염불하는 청수한 부처님들, 오늘은 당신네 생신이니 축하합니다.

넓고 넓은 들판에서 흙을 파는 부처님들, 우렁찬 공장에서 땀흘리는 부처님들, 자욱한 먼지 속을 오고 가는 부처님들, 고요한 교실에서 공부하는 부처님들, 오늘은 당신네 생신이니 축하합니다.

눈을 떠도 부처님, 눈을 감아도 부처님.
광활한 이 우주에 부처님을 피하려 해도 피할 곳이 없으니, 상하사방에 두루두루 절하며 당신네 생신을 축하합니다.
천지는 한뿌리요, 만물은 한몸이라. 일체가 부처님이요, 부처님이 일체니 모두가 평등하며 낱낱이 장엄합니다.

부처님의 세계는 모든 고뇌를 초월하여 지극한 행복을 누리며 곳곳이 불가사의한 해탈도량이니 신기하고도 신기합니다.
입은 옷은 각각 달라 천차만별이지만 부처님의 모습은 한결 같습니다.

자비의 미소를 항상 머금고 천둥보다 더 큰 소리로 끊임없이 설법하시며 우주에 꽉 차 계시는 모든 부처님들, 나날이 좋을시고 당신네의 생신이니 영원에서 영원이 다하도록 서로 존중하며 서로 축하합시다.

무한한 세계로 가는 방법

각 종교의 공통된 목표는 사람들을 상대적이고 유한한 세계에서 절대적이고 무한한 세계로 들어가게 하는 것이다. 상대적이고 유한한 세계는 지금 우리가 사는 이 세상과 같이 태어남과 죽음이 있어 고통과 번뇌가 가득 찬 세계다. 이 세계에서 우리가 누리는 행복은 일시적인 것에 지나지 않으며, 결국에는 오히려 괴로움만 더해 줄 뿐이다. 그러나 절대적으로 무한한 세계는 이 고통스런 현실을 벗어난 자유의 세계, 영원한 행복이 있는 세계다. 영원한 행복은 바로 모든 인간이 추구하는 기본 욕망이기도 하다.

우리는 상대적이고 유한한 이 세계, 곧 생멸의 차안此岸에서 절대적이고 무한한 저 세계, 곧 해탈의 피안彼岸으로 건너가야만 그것을 누릴 수 있다. 그래서 각 종교는 영원한 행복을 누릴 수 있는 절대적이고 무한한 세계로 들어가는 방법을 사람들에게 가르치고 있는 것이다.

붉은 해가 높이 뜨니

 캄캄한 밤중에 붉은 해가 높이 떠서 우주를 밝게 비추니, 서 있는 바위 좋아하고 덩실덩실 춤을 춘다. 펄펄 끓는 용광로에 차디찬 맑은 물이 넘쳐흘러 천지에 가득 차니, 마른 나무 꽃이 피어 울긋불긋 자랑한다.

 노자와 공자가 손을 잡고 석가와 예수가 발을 맞추어 뒷동산과 앞뜰에서 태평가를 합창하니, 성인과 악인이 사라지고 천당과 지옥은 흔적조차 없다.
 장엄한 법당에는 아멘 소리 진동하고, 화려한 교회에는 염불 소리 요란하니, 검다, 희다 시비 다툼은 꿈속의 꿈이다.

 길게 뻗친 만리장성은 거품 위의 장난이요, 웅대한 천하통일은 어린아이의 희롱이니, 나 잘났다고 뽐내며 정신없이 날뛰는 사람들이여, 칼날 위의 춤을 멈추어라.

일체의 본모습은 있고 없음을 초월하고 포함하여 물질과 마음이 융화하고 너와 내가 서로 통한다. 허공이 무너지고 큰 바다가 다 말라도 항상 변함없이 안전하고 자유롭다.

끊임없는 욕심에 눈이 가리워 항상 빛나는 본모습을 보지 못한 채 암흑을 헤매며 엎치락뒤치락하는 참담한 비극이 계속되니 참으로 안타깝다.

욕심에 가려져 있는 본 모습은 먼지가 덮여 있는 구슬과 같다. 그러나 먼지가 아무리 쌓여도 구슬 그 자체는 변함없으니, 먼지만 닦아 내면 본래 깨끗하고 아름다운 구슬이 천만 년에 이르도록 찬란하게 빛이 난다.

허망한 꿈속의 욕심을 과감히 버리고 영원한 진리인 본모습을 빨리 보라. 눈부신 광명과 끊임없는 환호 소리가 산천을 뒤흔든다.

높은 하늘에 반짝이는 별들을 벗삼아 황금병에 든 감로수를 백옥잔에 가득 부어 마시고 또 마시며 다 함께 찬양하자.

평화가 넘쳐흐르는 세계

 허공보다 넓고 바다보다 깊은 우리의 마음속에 둥근 해가 높이 떠올라 삼라만상을 밝게 비추니, 거룩한 세계가 눈앞에 펼쳐져 있다.

 황금으로 성을 쌓고 백옥으로 땅을 덮어 고운 풀과 꽃이 만발한데 진귀한 새와 짐승들이 즐겁게 춤을 춘다.
 평화와 자유로써 모든 세계를 장엄하여 고통은 사라지고 행복만이 꽉 찼으니, 극락과 천당이 빛을 잃고 부처님들도 할 말이 없다.
 하나하나가 영원하며 모든 사물이 무한하고, 크고 넓어 걸릴 것이 없어 시간과 공간을 초월하고 포함하니, 신비한 이 세계를 무어라 형용할지 말문이 막힌다.
 푸른 물결 속에 붉은 불기둥이 솟아나며, 험한 바위가

달아나고, 나무 장승이 노래하니 참으로 장관이다.

    성인과 악인은 부질없는 이름이니, 공자와 도척이 손을 맞잡고 평안한 세상을 축복한다.

    이는 허황된 환상이 아니라 일체의 참모습이니, 눈을 감고 앉아서 어둡다고 탄식하는 사람들이여! 광명의 문은 항상 열려 있다. 대립과 투쟁이 영원히 사라지고 평화만이 넘쳐흐르는 이 세상을 또렷하게 바라보며 함께 찬양하자.

남과 나를 잊고서

부처님의 아들 딸, 영원한 해탈의 길에서 자유롭다.

공자님의 아들 딸, 대동성세大同聖世에 요순을 노래한다.
예수님의 아들 딸 무구한 영광이 충만하다. 마호멧님의
아들 딸, 지극한 즐거움과 복을 마음껏 누린다.

세계는 한집이요, 인류는 한몸이다. 너와 나의 분별은
부질없는 생각이니 국토와 인종의 차별을 버리고, 남의 종
교를 내 종교로 받들며, 남의 나라를 내 나라로 생각한다.

남을 해치는 것은 나를 해치는 것이요, 남을 돕는 것은
나를 돕는 것이다. 병든 사람 만나거든 내 몸같이 보살피
고 고통받는 사람이 찾아오면 정성 다해 살펴 주어라.
애국과 애족으로 위장한 사리사욕은 참으로 무섭다.

저마다 사리사욕을 버리고 깨끗한 마음으로 서로 믿고 도우며 존경하고 사랑하며 화합하자.

남과 나를 다 잊고서 한가롭게 앉았으니 눈 속의 매화 꽃 고운 향기가 진동한다.

영원한 행복의 길

오래도록 잠 못 이루며 손꼽아 기다리던 설날이 왔습니다. 깨끗한 몸으로 새 옷 갈아입고 온 세계에 가득히 항상 계시는 모든 부처님께 정성을 다하여 예배 올리며, 일체 중생의 행복을 축하합니다.

할아버지, 할머니, 아버지, 어머니, 모든 어른들께 큰절 올리며 새해를 축하합니다.
언니, 동생, 아들, 딸들에게 새해를 축하합니다.
높은 하늘은 아버지로, 넓은 땅은 어머니로 삼고 다 같이 살아가는 우리는 한 집안 식구이며 한 형제입니다.

나의 어른을 존경함으로써 남의 어른을 존경하며, 나의 자녀를 사랑함으로써 남의 자녀를 사랑합니다.

나의 나라를 아낌으로써 남의 나라를 아끼며, 나의 종교를 존중함으로써 남의 종교를 존중합니다.

나와 너는 한몸으로 본래 없는 것이거늘, 사람들은 쓸데없이 나와 너의 분별을 만들어냅니다. 나만을 소중히 여기고 남을 해치면 싸움의 지옥이 벌어지고, 나와 남이 한몸임을 깨달아서 남을 나처럼 소중히 한다면, 곳곳마다 연꽃이 가득 핀 극락세계가 열립니다. 극락과 천당은 다른 곳이 아니라 남을 나처럼 소중히 여기는 한마음에 있습니다.

눈을 아무리 크게 뜨고 하늘을 우러러보아도 천당과 극락은 하늘 위에 있지 않습니다. 우리가 걸어다니는 발밑이 곧 천당이요 극락이니, 서로 존경하고 서로 사랑할 때 비로소 영원한 행복의 새해가 열립니다.

우리는 꿈속 같은 한때의 허영을 버리고 영원한 행복의 길로 나아갑시다. 나는 새와 기는 벌레도 극락세계의 한가족이며, 서 있는 바위와 흐르는 물도 다 함께 영원을 노래합니다. 흑인종, 황인종, 백인종이 서로 손잡고, 이슬람교, 예수교, 불교가 한마음으로 영원을 찬미하고 무한함을 기리며, 절대적인 존재들의 동산에 모여 새해를 축복하고 찬양합시다.

진흙속에 피는 연꽃

사탄이여! 어서 오십시오.
나는 당신을 존경하며 예배합니다.
당신은 본래 거룩한 부처입니다.
사탄과 부처란 허망한 거짓 이름일 뿐, 본모습은 추호도 다름이 없습니다.

사람들은 당신을 미워하고 싫어하지만 그것은 당신을 잘 모르기 때문입니다. 당신이 부처인 줄 알 때 선한 생각, 악한 생각, 미운 마음, 고운 마음이 모두 사라지고 거룩한 부처의 모습만 뚜렷이 보게 됩니다. 그리하여 악마와 성인을 다 같이 부처로 스승으로 부모로 섬기게 됩니다. 모든 대립과 갈등이 다 없어지고, 이 세계는 본래 가장 안락하고 행복한 세계임을 알게 됩니다.

일체의 불행과 불안은 본래 없으며 오로지 우리의 생각에만 있을 뿐입니다. 우리가 나아갈 가장 근본적인 길은 거룩한 부처인 당신의 본모습을 바로 보는 것입니다. 당신을 부처로 바로 볼 때 온 세계는 본래 부처로 충만해 있음을 알게 됩니다.

더러운 진흙 속에서 아름다운 연꽃이 가득 피어 있으니 참으로 장관입니다. 이 진리를 두고 어디에서 따로 진리를 구하겠습니까. 이 밖에서 진리를 찾는 것은 물 속에서 물을 찾는 것과 같습니다. 당신을 부처로 바로 볼 때, 인생의 모든 문제는 근본적으로 해결됩니다. 선과 악으로 모든 것을 상대할 때 거기에서 지옥이 생겨납니다.

선악의 대립이 사라지고 선악이 서로 하나되어 통할 때 온 세계에 가득 피어 있는 연꽃을 바라보게 됩니다. 연꽃마다 부처요, 극락세계 아님이 없으니 이는 사탄의 거룩한 본모습을 바로 볼 때입니다.

울긋불긋 아름다운 꽃동산에 앉아서 무엇을 그다지도 슬퍼하는가. 벌과 나비가 춤을 추니 함께 노래하며 춤을 추세.

인간의 절대성

　산과 들에 꽃이 피고 나무마다 새가 우니 어허! 좋을시고, 사월이라 초파일, 부처님오신날이다.
　부처님은 중생이 본래로 성불한 것, 즉 인간의 절대적 존엄성을 알려 주려고 이 세상에 오셨다.

　인간의 절대성은 부처님이 오시기 전이나 오신 뒤에나 추호도 변함없는 진리이며, 이 진리는 부처님이 오시거나 오시지 않는 것과 관계없이 우주의 근본 원리다.
　부처님께서는 인간들이 이 절대성을 모르고 꿈결같이 살고 있기 때문에 대명천지大明天地의 이 절대성을 가르쳐 주었을 뿐이다. 인간의 절대성은 남자거나 여자거나, 늙거나 젊거나, 귀하거나 천하거나 할 것 없이 평등하여 선악 시비의 구분이 없다.

그러므로 아무리 악하고 천한 사람이라도 인간은 모두 지고지선至高至善한 절대적 존재니, 이것이 부처님께서 힘주어 말씀하신 본래의 성불이다. 아무리 악한 상대라도 성인으로 섬기며, 아무리 천한 인간이라도 부모로 모셔서 서로 존경하며 서로 사랑해야 한다.

서로 싸우고 침해하는 것은 본래의 절대성을 모르기 때문이다. 서로의 본연을 알고 보면 싸우려야 싸울 수 없으며, 해치려야 해칠 수 없다. 다만 서로 존경하며 사랑할 뿐이다.

호호탕탕한 불국토

가없는 우주로 집을 삼고 한없이 많은 만물은 형제되어 백발의 노부모를 모시고 사이좋게 살아가니, 전체가 평등하며 낱낱이 완전하다.

모두가 뛰어난 예지를 갖추고 거룩한 덕행이 원만하여 이 세상에서 가장 존귀한 본래불本來佛이라 이름하나니, 이 숭고한 장엄은 설사 산천초목이 전부 입을 모아 이 광경을 찬미한다 하여도 다하지 못한다. 푸른 허공의 찬란한 별들은 형님이요, 맑은 바다에 출렁이는 물결들은 아우이다.

나는 새와 기는 벌레, 사나운 짐승과 온순한 짐승이 형제 아님이 없고, 작은 생쥐와 날쌘 고양이, 독사와 개구리가 한집에서 형제로 살아가니, 참으로 장한 일이다.

아침마다 붉은 해는 동쪽에서 비추고 밤마다 둥근 달은 서쪽에 떠 있으니, 시냇물은 노래하고 산 위의 바위들은 덩실덩실 춤추며, 환희에 넘쳐 있는 우주를 찬미한다.

봄이 되면 붉은 꽃은 아름다움을 자랑하고, 가을이면 기러기 소리 좋은 풍악을 연주한다. 푸른 여름 숲 깊은 곳에서는 황금빛 꾀꼬리가 목소리를 뽐내며, 겨울이면 펄펄 날리는 눈보라의 꽃송이가 우주를 뒤덮으니, 앞뒤에서 정답게 손잡고 가는 거룩한 본래 부처님들이 지극히 만족해한다.

넓은 가을 들판에 출렁이는 황금 물결은 부처님들의 공양구供養具요, 깊은 골짜기에서 줄줄 흘러내리는 맑은 물은 일체를 해갈시키는 무상의 감로수다.

이 감로수를 백옥 잔에 가득 부어 부모조상, 형제자매에게 서로 권할 적에, 붉은 머리 흰 학들은 앞뜰에서 춤을 추고 아롱진 꽃사슴은 흥을 못 이겨 아름다운 풀과 나무 그늘이 우거진 뒷동산에서 극락이 어디인고, 천당이 부끄럽다! 성현달사 악마요부聖賢達士 惡魔妖婦가 본래불의 마음으로 무생곡無生曲을 합주한다.

고금古今의 영웅 중 영웅으로 추앙받는 나폴레옹도 먼

바다의 외로운 혼이 되었고, 만리장성 높이 쌓아 올려 천만세를 누리려던 진시황의 일대제국도 몇 년 안에 풍전등화로 사라졌으니, 부귀허영의 꿈을 안고 이리저리 날뛰는 어리석은 무리들이여! 눈을 들어 본래불의 장엄한 세계를 바라보라.

부처는 공자의 아버지요 공자는 부처의 아버지이며, 노자 속에 예수 있고 예수 속에 노자 있다. 서로가 부모형제 되고 일체가 융화하여 시비장단是非長短이 사라지니 아무리 싸우려 해도 싸울 수 없다.

조그마한 오물에서 무한한 광명이 일어나니 크나큰 우주를 다 비추고 남는다. 현미경이라야 볼 수 있는 미세한 먼지가 광대한 세계를 다 삼키는데, 그 세계는 먼지의 일부분에도 다 차지 못한다.

이곳에서는 국토나 인종, 피부색의 구분도 없이 오직 호호탕탕浩浩蕩蕩한 불국토가 있을 뿐이니, 흑과 백, 선과 악을 가리고 싸우는 것은 단지 어젯밤 꿈속의 일들이다.

어허! 좋을시고. 본래불의 우리 나라, 영원에서 영원이

다하도록 영광이 충만하리로다.

마른 나무 꽃을 피고 무소 말이 소리치니, 천지가 진동하는데 보리밭의 종달새는 봄소식을 자랑한다.

나무 충만법계 일체제불 南無 充滿法界 一切諸佛
나무 화장찰해 무생정토 南無 華藏刹海 無生淨土
나무 몽환공화 수월도량 南無 夢幻空華 水月道場

칠흑 같은 어둠은 사라지고

 난타가 피운 한 잔의 기름등은 오늘도 타오르고 있다. 우리가 피운 과거의 등불 또한 오늘도 밝게 빛나고 미래에도 빛날 것이다. 허공보다 넓고 바다보다 깊으며 청정무구한 우리 마음속에 타오르는 등불은 삼라만상을 밝게 비추니 칠흑 같은 어둠은 사라지고 환희의 세계가 열리고 있다.

 집집마다 걸린 연등이 너울너울 춤추고 나비는 꽃밭으로 달려가는데 꾀꼬리 풍악이 속세의 티끌을 녹인다.
 본래 부처님은 중생을 위해 사바에 오셨으니 중생이 부처님보다 더욱 즐거워하는 것은 당연한 일이다. 부처님도 중생으로 와서 부처가 되었으니 오늘은 또한 중생들의 생일이요, 이는 곧 중생이 부처라는 말이다. 하늘과 땅이 한

뿌리이고 만물이 하나이므로 일체 중생은 평등하고 존귀한 것이다.

일체가 평등하면 대보살이 항아리 속에 앉아 있어도 바람 탄 배가 만리창파를 헤쳐가듯 평화와 자유가 공존하는 세상이 열릴 것이다. 팔만대장경의 부처님 말씀의 요체는 평등, 평화 그리고 자유다.

허망한 꿈속에 꿈틀거리는 개체의 욕망과 거짓의 먼지를 털어 버리고 너와 내가 형제되어 잘났거나 못났거나, 재물이 있거나 없거나, 권력이 있거나 없거나 사월이라 초파일! 우리의 생일을 맞이하여 모두가 감로수에 흠뻑 젖어 보자.

불공의 대상

　집집마다 부처님이 계시니 부모님이다. 내 집 안에 계시는 부모님을 잘 모시는 것이 참 불공이다. 거리마다 부처님이 계시니 가난하고 약한 사람들이다. 이들을 잘 받드는 것이 참 불공이다. 발 밑에 기는 벌레가 부처님이다. 보잘것없어 보이는 벌레들을 잘 보살피는 것이 참 불공이다. 넓고 넓은 우주, 한없는 천지의 모든 것이 다 부처님이다. 수없이 많은 이 부처님을 정성을 다해 섬기는 것이 참 불공이다.

　이리 가도 부처님, 저리 가도 부처님, 아무리 피하려고 해도 부처님을 피할 수가 없으니 불공의 대상은 무궁무진하여 미래겁未來劫이 다하도록 불공을 해도 끝이 없다. 이렇듯 한량 없는 부처님을 모시고 항상 불공을 하며 살 수 있는 우리는 행복하다.

법당에 계시는 부처님께 공양구를 올리고 불공하는 것보다, 곳곳에 계시는 부처님들을 잘 모시고 섬기는 것이 억천만 배 비할 바 없이 더 복이 많다고 석가세존은 가르쳤다. 이것이 불보살佛菩薩의 큰 서원이며 불교의 근본이다. 이렇듯 거룩한 법을 가르쳐 주신 석가세존께 깊이 감사하며 항상 불공으로 생활해야 한다.

종교의 근본 취지

　우리가 살아가는 현실은 모든 것이 다 상대적이고 유한한 모순의 연속이다. 이런 모순의 세계란 곧 투쟁의 세계다. 따라서 여기에서는 일시적으로 행복을 얻었다고 해도 곧 종말이 오고야 만다. 그리하여 마침내 영원한 행복을 생각하게 되고, 그것을 달성할 수 있는 길을 추구하는 데에서부터 인간의 종교는 만들어진 것이다. 영원한 행복은 지금 우리가 살고 있는 상대적이고 유한한 이 세계에서는 이룰 수가 없다. 그래서 피안의 세계, 곧 절대적이고 무한한 세계를 구상하여 그곳에서 영원한 행복을 누리도록 노력하자는 것이 종교의 근본 취지이다.

영원한 광명

　눈부신 태양이 푸른 창공에 높이 솟으니, 우주에 무한하고 영원한 광명이 넘쳐 있다. 천당과 지옥, 성인과 악인의 그 본래 면목은 다 같이 광명 덩어리다.

　삼라만상 가운데 어느 하나도 광명 아닌 것이 없다. 나는 새, 기는 벌레, 흐르는 물, 서 있는 바위가 항상 이 광명을 크게 말하여, 일체가 서로서로 비추며 참으로 거룩한 장관을 이루고 있다. 아무리 불행해 보이는 존재라도 광명이 가득 차 있으니, 알고 보면 모두가 참으로 행복한 존재다. 이 광명은 청·황·흑·백 등 일체 색상이 끊어졌으나, 일체 색상 자체는 광명이다.

공존의 지혜

생명이 약동하는 봄이다. 영겁의 윤회 속에서도 여린 싹은 어김없이 언 땅을 헤집고 저마다의 아름다움을 잉태한다. 그러나 태어난 존재는 언젠가 없어진다는 평범한 현상은 변할 수 없는 우주의 섭리다.

무상한 관계 속에서 일체 만물은 생성과 소멸을 거듭한다. 인연이라는 매듭에 얽혀 서로의 관계를 유지하기 때문에, 모든 생명은 서로 의지하는 연기성緣起性 속에 있다.

그러나 이기와 독선이 뿜어대는 공해는 지금 우리가 살고 있는 시대를 어둡게 만들고 있다. 언제부터인가 우리는 '나'만의 이익을 탐하고 '나'만의 안일을 추구해 왔다. 만약 우리가 연기의 토대 위에 선다면, 결코 다른 이의 희생을 강요하는 잘못을 저지르지는 않을 것이다.

생명은 결코 서로를 학대할 권리가 없다. 오히려 연민과 조화 속에서 서로를 아끼는 공존의 지혜를 밝히는 일이야말로 생명의 당위일 것이다.

스스로의 주인이 되라

목어가 승천하여 일월이 빛나리라.
산은 문수의 손이요,
바다는 보현의 가슴이다.
산에 햇볕 들어
초목이 춤을 춘다.
사람마다 스스로 태양을 등에 지고
산으로 바다로 오고 가네.
그 마음 머문 자리를
살피고 살피어라.
대장부 살림살이
가난타고 원망 말라.
천하는 바로
그대의 것이니라.

영원에 영원을 더하여
자랑스런 목숨 아닌가.
어서 서둘러
네 스스로의 주인이 되어라.
그대 밝은 마음
바로 부처일세.

발 아래를 보라

발 아래를 보고 발 아래를 보라.
만길 봉우리 앞에 들말 달리고
천길 바다 밑에 진흙소 소리치니
산호가지 위에 햇빛이 밝고 밝으며
흰 학이 허공에 높이 나는도다.

발 아래를 보고 발 아래를 보라.
달마의 한 종파가 땅을 쓸어 다하고
기이하고 기이하니
공자의 삼천 제자가 다 염불하는도다.

이가 낭군과 박가 아씨는 서울 거리에서 춤추고
개미와 모기는 연화대 위에 있는도다.

가을바람이 불어 단풍잎을 흩으니

울타리가 누런 국화는 맑은 향기를 토하는도다.

훔훔

임제가 놀라서 입을 크게 벌리니

늙은 호랑이 사슴왕의 머리를 깨물어 부수는도다.

영원한 종소리

 장엄한 법당에서 퍼지는 우렁찬 종소리가 새벽 하늘을 진동하니, 꿈속을 헤매던 모든 생명들이 일제히 잠을 깬다.
 찬란한 아침해가 동녘 하늘을 붉게 물들이니, 빨리 눈을 뜨고 이 종소리를 들으라.

 영원과 무한을 노래하는 이 맑은 종소리는 시방세계에 널리 퍼져서 그침이 없다.
 이 종소리는 천지가 생기기 전이나 없어진 후에나 모든 존재들이 절대임을 알려 준다. 이 종소리는 아무리 악독한 생명이라도 본디 거룩한 부처임을 알려 준다.
 무서운 호랑이와 온순한 강아지가 종소리에 발을 맞추어 함께 춤을 춘다. 독사와 청개구리, 고양이와 생쥐들도 이 종소리에 장단을 맞춰 함께 뛰논다.

피부 빛깔과 인종의 구별 없이 늙은이와 젊은이, 아이와 어른, 남자와 여자, 부자와 가난한 사람이 모두 뭉쳐서 이 종소리를 찬미한다.

아무리 극한 대립이라도 이 종소리가 한 번 울리면, 반목과 갈등은 자취 없이 사라지고 깨끗한 본모습을 도로 찾아 서로 얼싸안고 부모형제가 된다.

이 신비한 종소리를 들으라.

나무장승이 노래하고 돌사람이 달음질한다.

넓은 우주의 모든 존재들이 이 종소리에 흥겨워서 즐겁게 뛰노니 천당과 극락은 부끄러운 이름이다.

우리가 이 거룩한 종소리를 듣지 못하는 것은 갖가지 욕심들이 두 귀를 막고 있기 때문이다. 일시적인 갖가지 욕심들을 버리고 이 영원한 종소리를 들으라.

한없이 넓고 커서 끝이 없는 이 우주 속의 우리가 사는 지구는 아주 작아서 멀리 떨어져서는 보이지도 않는다. 여기에서 모든 성현, 재사, 영웅, 호걸들이 서로 뽐내니 참으로 우스운 일이다.

자기 욕심에 사로잡혀 분별없이 날뛰는 이들이여!

허망한 꿈속의 부질없는 욕심을 버리고 이 영원한 종소리를 들으라. 맑은 하늘 둥근 달빛 속에 쌍쌍이 날아가는 기러기 소리 우리를 축복하니, 평화와 자유의 메아리가 온 우주에 넘쳐흐른다.

행복의 노래

꼬끼오!

금닭 은닭 우는 소리가 새벽 바람을 가르니 찬란한 아침 해가 티없이 맑은 동녘 하늘을 황금빛으로 물들이고, 잠들었던 삼라만상이 일시에 깨어난다.

저기 떠오르는 한 덩어리 붉은 태양은 모든 존재를 휩싸고 온 세계를 삼키고 토하니, 우리 어찌 밝은 날에 부지런히 일하지 않을 수 있는가?

농촌에서는 농부들의 밭 갈고 소 모는 소리, 공장에서는 망치 소리, 바다에서는 어부들의 그물 내리는 노랫소리가 아름답다.

잘 살고 못 사는 게 김 서방 박 서방 탓이 아니다. 본래 마음 자리에 부귀가 있고 선악이 있으니, 부질없이 일어나는 분별심을 지우고 행복의 노래를 불러야 한다.

일체는 융화요,
만법은 평등

 붉은 해가 높이 솟아 온 세계를 밝게 비추니, 남극의 펭귄과 북극의 곰들도 떼를 지어 환호한다.
 붉은 해가 푸른 허공에 빛나 험준한 산과 아름다운 꽃밭을 골고루 비추니, 암흑이란 찾아볼 수 없으며 오직 광명만이 가득 차 있다.
 이에 일체가 융화하고 만법이 평등하여 바다 밑에서 불꽃이 훨훨 타오르고 불꽃 속에 얼음 기둥이 우뚝 솟아 있다.

 악마와 부처가 한몸이요, 공자와 노자가 함께 태평가를 높이 부르니 보기 드문 성인들의 세상이란 이를 말함이다. 금강산 일만이천 봉은 봉우리마다 연꽃송이요, 낙동강 칠백 리는 굽이굽이 풍악이다.
 향기 가득한 황금독의 물을 앞집의 장 선생과 뒷집의

이 선생이 백옥잔에 가득 부어 서로서로 권할 적에 외양간의 송아지와 우리 속의 돼지가 함께 춤을 추니 참으로 장관이다.

때때옷을 입은 친구들은 앞뜰에서 뛰놀고 녹의홍상의 아가씨는 뒷마당에서 노래하니, 서 있는 바위, 흐르는 물은 흥을 못 이겨서 환희곡을 함께 연주한다.
고양이 님은 쥐를 업고 토끼 씨는 사자를 타고 십오야 밝은 달에 노래하며 춤을 추니 반짝이는 별님들은 웃으며 축복한다.

광대무변한 대천세계 속에서 티끌 같은 지구상의 성현 스승과 영웅 호걸들이여! 만리장성 높이 쌓고 천만세를 장담하던 진나라 시황제도 풀잎에 매달린 한갓 이슬이요, 천군만마를 질타하며 세계를 누비던 나폴레옹도 먼 바다의 외로운 영혼이니, 무엇을 그다지도 뽐내며 설명하려 하는가. 한바탕 웃음거리일 뿐이로다. 일천 부처와 일만 조사는 붉은 화로 위의 한 송이 눈이로다.
한숨 자고 머리를 들어 보니 지는 해가 푸른 산에 걸렸구나.

세계는 하나

이제 세계는 하나가 되었으니 전 인류는 한 형제요 자매다. 내가 벌어서 없이 사는 형제에게 주고 헐벗은 자매에게 나눠주니, 어허라 좋을시고. 이 외에 더 기쁜 일이 또 어디 있겠는가. 서로 만나 서로 보고 허허 웃으니 사계절이 온통 꽃피는 봄뿐이다.

온 세계에 드리워졌던 어둠이 걷히고 광명의 빛과 소리가 들린다. 장님이 구름 속 번갯불을 보고, 귀머거리가 우레 소리를 들으며 앉은뱅이가 일어나 너울너울 춤을 춘다.

출가시

하늘에 넘치는 큰 일들은
붉은 화로에 한 점의 눈송이요
바다를 덮는 큰 기틀은
밝은 햇볕에 한 방울 이슬이로다.
어느 누가 잠깐의 꿈속 세상에
꿈을 꾸며 살다가 죽어가랴.
만고의 진리 속에 초연히 나 홀로 걸어가리라.

오도송

황하수가 서쪽으로 흘러 곤륜정상으로 치솟으니
해와 달이 빛을 잃고 땅이 꺼지는도다.
문득 한 번 웃고 머리를 돌려 서니
청산은 예대로 흰 구름 속에 섰도다.

열반송

일생 동안 남녀의 무리를 속여서
하늘을 넘치는 죄업은 수미산을 지나친다.
산 채로 무간지옥에 떨어져서
그 한이 만 갈래나 되는데
둥근 한 수레바퀴 붉음을 내뱉으며
푸른 산에 걸렸도다.

발원문

발원하옵나니,
철석같이 단단한 마음으로
세세생생 무루선 닦아
크고 큰 지혜와 덕, 큰 용맹심으로
만 겁 장애 만 겁 미혹도
모두 녹아지이다.
여자의 몸은 그림자도 닿지 않으며
중생의 고기는 그 어디에 입을 대리오.
깨끗한 시주물이라도 화살인 듯 피하고
부귀와 영화는 원수 보듯 하여서
굳게 닫힌 쇠관문을 단번에 뚫고
비로정상에 훌쩍 뛰어올라서
보리의 대도량 청정하게 장엄하고

미래겁이 다하도록 언제나 자재하여라.
한없는 법계 가없는 국토에
천만 가지 모습으로 나투어서
금강의 보배검을 높이 들고
향상의 비밀 창고 활짝 열어서
일체 중생을 남김없이 제도하고
법의 바다 영원히 청정과 평안하게 하여지이다.
저 허공은 비록 깨어진다 하여도
나의 원은 끝끝내 꿈쩍도 않으리.
시방삼세에 더없이 높으신 분이시여,
특별히 애민자비를 내려 비밀히 가호하시어
모든 장애 녹아 없어지고
어서 빨리 이 큰 원 이루어지게 하여지이다.

엮은이의 말

 짙푸른 녹음이 마냥 싱그럽기만 한 계절입니다. 6월인데도 한여름 날씨인 양 일찍 찾아드는 더위로 녹음과 가끔씩 찾아드는 산들바람이 고맙게까지 느껴집니다.

 성철 큰스님께서 열반하신 지도 어느새 23년이 지났습니다. 생전에 스님께서, 정진하는 선원 대중들에게 다가가 누구랄 것도 없이 위에서부터 아래까지 죽비로 등짝을 후려치시며 "부처님께 밥값 내놓아라"고 고함치시던 모습이 아직도 선연합니다. 대중들과 무슨 원수가 졌다고 느닷없이 후려치셨겠습니까마는 그래도 맞는 대중들은 "왜 때리시나?" 하는 유감이 없을 수 없었습니다. 스님이 떠나시고 난 후 그렇게 억울하게 맞았던 수좌스님들이 "그때는 왜 때리시나 하는 마음이 없지 않았지만, 이제 생각해 보니 스님께서 우리들의 정진을 위해 그렇게 애써 주셨구나 하는 생각이 들면서 노스님께 저절로 머리가 숙여진다"고 하였습니다. 그 만큼 스님께서는 스스로에게 엄격하신 만큼 대중들에게도 엄하신 분이셨습니다.

이번에 발간하는 『이뭣꼬』는 이미 발간된 성철스님 법어집 11권 가운데서 중생들에게 꼭 필요한 말씀이라고 생각되는 법어들을 간략하게 줄여서 2002년 김영사에서 초판 이후 22쇄까지 발간되어 널리 읽혀왔던 것을 개정판으로 장경각에서 발간하게 되었습니다. 긴 말씀을 줄여 요긴한 대목만 간추려 놓으니 무언가 아쉬운 것 같기도 하고 또 허전한 것 같기도 하지만, 또 한편으로는 과녁에 적중한 화살처럼 간단명료하게 대중들에게 다가가는 듯 합니다.

바쁜 생활 속에서 한 말씀이라도 내 마음속에 새길 수 있다면 그 사람이 바로 큰스님을 뵙는 분일 것입니다. 큰스님의 법어를 가까이 하면서 큰스님의 삶을 내 속에서 이루어보려는 원력을 가지고 살아간다면 우리들 삶이 한층 윤택해지리라 생각합니다.

2016년 하지절 **원택** 화남

이뭣고

개정판 1쇄 발행일	2016년 7월 5일
개정판 5쇄 발행일	2022년 4월 25일

지은이	퇴옹 성철
엮은이	원택
발행인	여무의(원택)
발행처	도서출판 장경각
등록번호	합천 제1호
등록일자	1987년 11월 30일
본사	경남 합천군 가야면 해인사길 118-116 해인사 백련암
서울사무소	서울시 종로구 삼봉로 81(수송동, 두산위브파빌리온) 1232호
	전화 (02)2198-5372 팩스 (050)5116-5374
	홈페이지 www.sungchol.org

편집·교정 문종남   디자인 김형조
홍보마케팅 김윤성   관 리 서연정

ⓒ 2016, 장경각

ISBN 978-89-93904-72-7 03220

값 6,000원

※이 책에 실린 내용은 무단으로 복제하거나 전재할 수 없습니다.
※잘못된 책은 교환해 드립니다.